化十大名片

林 雄 主编

六祖

惠能

冯沛祖 著

SPM
南方出版传媒

全国优秀出版社　全国百佳图书出版单位

广东教育出版社·广州

U0611234

图书在版编目（CIP）数据

六祖惠能 / 冯沛祖著. —广州：广东教育出版社，2010.12（2020.3重印）

（岭南文化十大名片 / 林雄主编）

ISBN 978-7-5406-8073-2

Ⅰ.①六⋯ Ⅱ.①冯⋯ Ⅲ.①惠能（638—713）—生平事迹 Ⅳ.①B949.92

中国版本图书馆CIP数据核字（2010）第237980号

责任编辑：林玉洁

责任技编：姚健燕

书籍设计：书窗设计工作室
赵焜森 \ 钟　清

六祖惠能
LIUZU HUINENG

广 东 教 育 出 版 社 出 版 发 行
（广州市环市东路472号12—15楼）
邮政编码：510075
网址：http://www.gjs.cn
广东新华发行集团股份有限公司经销
佛山市华禹彩印有限公司印刷
（佛山市南海区罗村联和工业区西二区三路1号）
890毫米×1240毫米　32开本　4.75印张　95 000字
2010年12月第1版　2020年3月第4次印刷
ISBN 978-7-5406-8073-2
定价：39.00元

质量监督电话：020-87613102　　邮箱：gjs-quality@nfcb.com.cn

购书咨询电话：020-87615809

岭南文化十大名片

编　委　会

编委会主任：林　雄

副主任：顾作义

编　　委：（以下按姓氏笔画为序）

马必文	王　晓	王进彤	王桂科
王晓玲	叶志容	丘树宏	冯桂雄
杜传贵	李　萍	杨以凯	杨兴锋
吴伟鹏	邱　方	何祖敏	应中伟
张宗武	陈以良	陈丽文	苟　骅
林碧红	倪　谦	陶　己	崔向红
景李虎	程　煜		

专家委员会：

左鹏军	叶曙明	司徒尚纪	刘洪辉
肖洽龙	汤国华	张　梅	张其凡
陈春声	罗学光	饶芃子	黄天骥
黄树森	黄明同	黄伟宗	黄淼章
康保成	蒋述卓		

序

林雄

　　文化之根基，在于脚下沃土；文化之硕果，在于阳光雨露。两千多年岭南文化，枝繁叶茂至于今，不外得益于两点：根深与吸收。

　　珠江流域位于五岭之南，但它与黄河流域、长江流域一样，同为中华文明发祥地。岭南一带依山傍海，河涌交错，古百越先民生于斯长于斯，从早期的渔猎文明、农耕文明，到后来的商贸文明，依水而生，因水而兴，无不烙上深深的本土印记，彰显岭南水文化旺盛之生命力。"一方水土养一方人"，粤菜、广东凉茶、骑楼等，得天独厚，彰显岭南人生活中特有之文化风韵。

　　百越之地与中原虽关山阻隔，但自秦以降，岭南文化与中原文化之交流，便从未间断。特别是唐梅关古道凿通之后，来自中原的文化养分，更是源源不断地输入岭南，与岭南文化融合发展，成为岭南本土文化重要的组成部分。如发源于本土之粤剧，其唱腔在发展过程中，便吸纳了弋阳腔、昆腔、秦腔、汉剧等外来剧种的精华，博采各家所长，自成一格。而韩愈贬潮、东坡谪惠，这些文人之难，却是岭南之福，他们推动了岭南文化与中原主流文化的融合，也让南北文化相得益彰。

岭南文化之开放与包容，不仅表现在对待同族同根之中原文化上，更表现在对舶来文化之高调"拿来"。自秦汉开通海上丝绸之路以来，岭南作为始发地及通商大港，千百年来独居中外文化交流之最佳平台。清政府对海关是开了又闭、闭了又开，反复无常，但广州却一直对外开放，即便是闭关政策最严之道光十一年（1831年），广州街道上洋商依旧熙熙攘攘。经济往来必定挟带文化交流，文化舶来品纷纷从岭南登陆引进，被岭南文化融合吸收之后，再影响全国。广式骑楼、开平碉楼，便是中西建筑艺术之完美结晶。惠能创立了南禅，其《六祖坛经》被誉为中国人的佛经，推进了佛教的中国化、民族化和世俗化。

　　广东毗邻港澳，历来是对外开放的窗口，近现代百年来成为时代的风向标，引领时代潮流，成为最重要的革命策源地。近代中国民主运动风起云涌，岭南人中之翘楚如康梁（康有为、梁启超）、孙中山等，执改良与革命之牛耳。这都得益于岭南人对世界先进文化快人一步之认同。20世纪七八十年代，广东又一次领潮争先，成为改革开放先行地，不但创造了一系列经济奇迹，而且孕育了改革开放的时代文化精神。广交会成为海上丝路的新的里程碑，既是中国对外开放的见证，又是商都文化的一个新标志。

历史进入了21世纪，文化在综合竞争力中的地位和作用越来越突出，已经成为民族凝聚力和创造力的源泉。广东省委十届七次全会，吹响了建设文化强省的号角，提高文化的创新力、辐射力、影响力和形象力，成为摆在我们面前的一项任务，评选"岭南文化十大名片"，正是提升广东文化形象之举。在这一重要历史契机下，整理、挖掘、打造岭南文化名片，就显得尤为紧迫。打造具有岭南特色的文化名片，是增强文化凝聚力的需要，是提升文化影响力的需要，是塑造文化形象力的需要，对于提升广东的文化自信和文化自觉、推动经济社会又好又快发展具有重要意义。

文化名片，是代表一个地方最具特色度、知名度和美誉度的整体形象、领域形象、特色形象的标志。岭南文化名片所标示的文化形成，是千百年来人们集体智慧的结晶，是广东人民最深层次的精神追求和文化现象，更承载着广东文化的灵魂。"岭南文化十大名片"正是岭南文化精华的浓缩，彰显了岭南文化的独特魅力。经过广大网民、市民和专家历时10个月的票选，终于决出了代表岭南

文化的十大名片——粤菜、粤剧、广东音乐、骑楼、黄埔军校、端砚、开平碉楼、广交会、孙中山、六祖惠能；同时评出了十大提名名片——陈家祠、南越国遗址、南海1号、岭南画派、石湾陶艺、潮州工夫茶、客家围龙屋、广东凉茶、粤绣、康梁。这些都从不同侧面展示了岭南文化的源远流长和博大精深，是岭南文化的金字招牌，表现出了旺盛的文化张力，不仅将告诉世人广东厚实的文化家底和滋长的文化软实力，而且将烛照广东文化发展的未来。《岭南文化十大名片》丛书的出版，也适逢其时地为宣扬广东的文化影响力提供了良好的载体。

春风润南粤，文化展新姿。在文化强省建设的浩荡春风中，在盛世倡文兴化的时代大背景下，"岭南文化十大名片"的诞生，将进一步激发社会各界对文化建设工作的参与热情，不断掀起关注岭南文化的传承、发展、成长的社会热潮。

是为序。

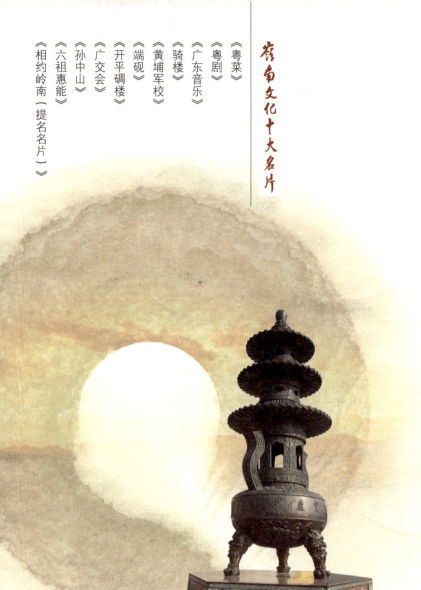

六祖

惠能

菩提无树，明镜非台。惠能以白丁之身，彻悟万法皆空，承继禅宗衣钵，开枝散叶，独创南禅法门，又锐意革新，将佛禅义理撷其精要，去其冗繁，直指人心，见性成佛，使这一外来宗教彻底中国化和平民化。《六祖坛经》曾被列入中国最有代表性的十本哲学著作之中，而惠能本人被称为世界十大思想家之一，与孔子、老子并列为东方三圣。

目 录
CONTENTS

惠能是岭南的
一个奇迹

  岭南，物华天宝，人杰地灵。而惠能，这位生于岭南、长于岭南、弘法于岭南、圆寂于岭南的禅宗六祖，也成了岭南的一个奇迹。

一种宗教广泛地影响着中国人，影响着中国人的思想，影响着中国的文化，包括哲学、伦理、文学、艺术、建筑等领域，以及现实生活的方方面面，至今已千余年，而且还将继续广泛而深入地影响下去。

　　这种宗教不只在中国有广泛影响，它还传到国外，如亚洲不少国家，连主要是信奉基督教教义的欧美国家，都有相关的宗教团体。各类与这种宗教相关的研讨会，数不胜数。

·曲江南华寺藏六祖坠腰石

　　这种宗教是佛教的一个派别，叫南派禅宗，简称南宗、南禅。

　　南派禅宗的创立者叫惠能（638—713），也称慧能，史称六祖，是中国佛教禅宗的第六代祖师。其弟子集其语录编为《六祖大师法宝坛经》（简称《六祖法宝坛经》《六祖坛经》《法宝坛经》《坛经》），是佛教经典中唯一一部由中国人撰述而被尊称为"经"的著作，曾被列入中国最有代表性的十本哲学著作之中，千百年来为世人研习、阐扬，至今不息。

·六祖惠能像

　　惠能立教之时与弘法期间，南雄大梅关还未开凿，岭南与中原因南岭阻隔，相当闭塞，被中原人视为南蛮之地。就在这片南蛮之地，却诞生了这么一个影响广泛而深远的佛门教派，千百年来受到无数信众的尊崇，终成禅宗正统、中国佛教最大宗门，几乎成为中国佛教的代名词。南宗的信众，上至皇帝百官、文武俊贤，下至贩夫走卒、黎民白丁，可谓朝野共赏。

　　这是岭南的奇迹。

　　惠能本是一个不识字的樵夫，凭着自

·曲江马鞍山麓
六祖铜像

己超凡的悟性与出众的口才，而成为一代宗师、一个影响深远的伟大思想家，受到后世无数的宗教人士与非宗教人士的广泛推崇和赞誉。当代国学大师钱穆《国史大纲》称："佛教禅宗六祖惠能，竟可说他在中国创立了新宗教，其对后来影响之大，甚少人能

·新兴龙山六祖坛经塔石刻《六祖降世》

比……在唐以后，中国南方出了两大伟人，即惠能与朱子。南方地区对中国文化上之贡献，可谓已超越了北、中两部。"

毛泽东亦称赞惠能在哲学上有很大的贡献。

岭南物华天宝，人杰地灵。惠能生于岭

·新兴县金台古寺。传为六祖闻经开悟之地

南，长于岭南，弘法于岭南，圆寂于岭南。他被称为世界十大思想家之一，与孔子、老子并列为东方三圣。

　　这是岭南对中国文化的重大贡献，也是岭南的奇迹。

　　惠能的出生、求法、得授衣钵成为禅宗六祖，也属奇迹。

　　惠能俗姓卢，世居河北范阳（郡治在今北京市西南），其父在唐高祖时被贬官，流落到岭南新州（今广东新兴县）为民，因而落籍南海。惠能就生于新兴。新兴毗邻珠

·惠能别母出家（雕塑）

江三角洲，东与佛山市高明区、江门鹤山市交界，东南与江门开平市接壤，南邻江门恩平市，西南连阳江阳春市，西北为云浮市云安县、云浮市云城区，东北接肇庆高要市。新兴江及其支流自南向北流，在肇庆南岸注入西江。"春来遍是桃花水，不辨仙源何处寻。"新兴是西江流域著名的"鱼米之乡""水果之乡"。

关于惠能的出生，有很多神奇的传说：有说惠能的母亲李氏怀了他六年才把他生出来；有说惠能降生时"毫光腾空，异香满室"；也有说惠能出生的当天黎明，有两位"异僧"来访，为之起名"惠能"，意为"惠者以法惠施众生，能者能作佛事"，说完后一下子便消失得无影无踪。后世很多典籍都把"惠能"写作"慧能"，古代"慧"与"惠"相通，如"聪慧"古籍多作"聪惠"，所以无所谓对错。

惠能三岁丧父，长大后以采樵养母。24岁那年，惠能在市集卖柴，一客店住客要买柴，他就送柴到客店。他收了钱，出门时，见一客人诵经。惠能一闻经语，心即开悟，就"悟道"了，而他当时还不知客人念的是什么经。客人告诉他，这是《金刚经》，"我从蕲州黄梅县东禅寺（今名五祖寺，又名东山寺，在今湖北黄梅县城东12公里的东山）来。其寺是五祖弘忍大师在彼主化，门人一千有余。我到寺中礼拜，听受此经。大师常劝僧俗，但持《金刚经》，即自见性，直了成佛"。

惠能听了，心中大动。一位与他往昔有缘的客人给了他十两银子，惠能就用来安置老母，然后直奔东禅寺出家，拜五祖为师。

本来无一物，
何处惹尘埃

君且看：惠能从得授衣钵真传，到
最终成为六祖并开创南派禅宗，那是一
段曲折而有趣的历程。

广州是中国禅宗的发源地。

　　禅宗是佛教的一个教派。佛教源自印度，可以上溯到佛祖释迦牟尼及其弟子摩诃迦叶（大迦叶）。释迦牟尼当初在灵山会上拈花示众，诸人不解其意，唯有摩诃迦叶会意微笑，于是，佛祖就将佛教的"正法眼藏"传于摩诃迦叶，并把一领金缕袈裟作为传法的信物传给他。这样，摩诃迦叶就成为禅宗的第一代祖师。摩诃迦叶之后，禅宗代代相传，经过一千年左右，传到了第二十八代祖师菩提达摩。约在南朝梁武帝时期

（527），菩提达摩抵广州传教，成为中国佛教禅宗的创始人，被尊为禅宗初祖。

当年达摩乘船来，登岸的地方在今广州西关下九路北侧西来正街一带。达摩登陆后，约在今华林寺所在地"结草为庵"，开中国佛教禅宗之源。后人因之称该地为"西来初地"，称该庵为"西来庵"。西来庵后历隋、唐、宋、元、明诸代，"传灯不绝"，为岭南名刹。

·南粤古丛林碑

1655年，西来庵大扩建，改名为"华林禅寺"，这就是今天的华林寺。华林寺是达摩首开禅宗法门的地方，现建有初祖达摩堂、祖堂，供奉菩提达摩像。寺门外华林新街道中，有一用铁栏护卫的微型假山园林。假山北端竖一石碑，上书隶体"南粤古丛林"五字。碑名左侧刻有楷体："萧梁大通元年，达摩尊者自西域航海西来建寺西来

·五祖弘忍像

庵，之改建华林为清顺治十二年。考达摩来华先诣广州，盖华林为中国禅宗之发祥地也。"

达摩在广州停留时间不长，随后北上，在河南嵩山少林寺隐居修行，面壁九年，终得正传。他把自己的衣（所披的木棉袈裟）和钵（食器）传给弟子慧可，慧可因此成为禅宗二祖。这衣钵自此成为禅宗道法授受的信物。慧可把衣钵传与僧璨，是为三祖；僧璨传与道信，是为四祖；道信传与弘忍，是为五祖。

惠能得这衣钵真传成为六祖并开创南派禅宗的经历，曲折而有趣。

惠能离开家乡后，走了三十多日，跋涉

千里，来到东禅寺，礼拜五祖。

五祖问："汝（你）何方人，欲求何物？"

惠能答："弟子是岭南新州人，远来礼师，惟求作佛，不求余物。"（这"惟求作佛，不求余物"八字后来成了很多佛徒的口头禅或坚定信念）

五祖又问："汝是岭南人，又是獦獠，若为堪作佛？"（此称"獦獠"，相当于仍未开化的"南蛮子"）

惠能答得极妙："人虽有南北，佛性本无南北。獦獠身与和尚不同，佛性有何差别？"（"獦獠身"是自指，"和尚"指五祖，"佛性无南北"正是日后南派禅宗的基

· 黄梅五祖寺山门

本理论）

　　弘忍听了，暗暗赞赏，但见众门徒就在左右，不便再问。一位寺中行者（佛寺中服杂役而未剃发出家者的通称）差遣惠能去破柴踏碓。

　　八个多月后，弘忍为了选择衣钵继承人，令寺中门徒各写一偈，以表达自己对禅宗的理解和领悟。僧众不敢作，都推让寺内的"上座"神秀。当时神秀在寺里担任"教授师"，其地位只在弘忍之下，继承衣钵看来是顺理成章的事。神秀于是作了一偈，书于南廊壁上。偈曰："身是菩提树，心如明镜台；时时勤拂拭，勿使惹尘埃。"

　　弘忍看了，觉得他对佛学宗旨的理解还不够透彻，只到门外，未入门内。

　　惠能不识字，当时又尚未受戒出家，并无资格参加传法人的选拔，因而不知此事。这天他正在舂米坊劳作，偶然听到一个童子诵读神秀的偈，觉得其"未见本性"，随即请童子带自己来到南廊。当时江州别驾张日用刚好也来到那里。惠能便请他为自己代书一偈。张日用大感奇怪："汝亦作偈？其事稀有！"惠能于是又说出一段非常有智慧的话："下下人有上上智，上上人有没意智，若轻（瞧不起）人即有无量无边罪。"这下子张日用没话好说了，于是代惠能书偈于壁上。这偈非常著名，千古流传，今天对佛学稍有了解的人没有不知道的。它写的是："菩提本无树，明镜亦非台；本来无一物，何处惹尘埃。"

该偈分明是针对神秀的，写得确实比神秀的高明。神秀要"时时勤拂拭"，才使自己不惹尘埃。惠能却是干脆来个彻底否定，把世间所有一切

· 刻于黄梅五祖
寺山门的楹联

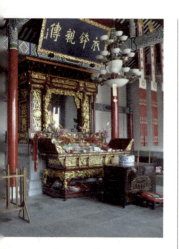

全部视为空无，根本就不会惹尘埃——更说白了，连尘埃也是无物。空无观被推到了极致。佛家称"四大皆空"，这首偈是最形象的表述。而禅宗谈"空"，超过中国的所有佛门宗派。弘忍看了，心中大为赞赏，但他怕有人害惠能，就用鞋把偈擦了，对围观的众僧说："亦未见性。"

第二日，弘忍悄悄来到舂米坊，见惠能腰间绑着块大石头在舂米，便说："为法忘躯，当如是乎？"然后问："然米熟也未？"惠能答："米熟久矣，犹欠筛在。"（"筛"与"师"谐音，意即"愿得师祖之授"）弘忍便用手中禅杖击舂米碓三下，转身离去。惠能会意，是夜三鼓时分，悄悄来到弘忍卧室。

弘忍先把袈裟当做窗帘遮住窗户，以免外人看见，然后传授了一番《金刚经》，把衣钵传给惠能，说："汝为第六代祖。"并吟一偈："有情来下种，因地果还生；无情既无种，无性亦无生。"

吟完，五祖道："过去达摩大师初来此地，人们不相信他，故传授这件袈裟作为信物，代代相承……这袈裟会成为争端，传到你这里，就不要再传下去了。若传下去，就很危险，命如悬丝。你现在赶快离开这里，恐怕有人害你。"

惠能问："向甚处去？"

五祖答："逢怀则止，遇会则藏。"意

思是让惠能去到有"怀"字的地方就停止逃遁，遇见有"会"字的地方就躲藏起来。

当夜五祖亲送惠能到九江驿上船。五祖摇橹，说："应该我来渡你。"惠能道："迷时师度，悟了自度……蒙师传法，今已得悟，只合自性自度。"五祖赞道："如是！如是！以后佛法，由汝大行。"他嘱惠能向南走，短期内不要说出自己的身份。

三日后，五祖才向弟子们宣布："衣法已南传。"众人大惊，问："谁得到了衣钵？"五祖答："能者得之。"众人既惊愕又愤愤不平，决意要追回真传衣钵。

·黄梅五祖寺六祖殿惠能舂米处

·怀集冷坑六祖禅院逢
怀则止匾

　　惠能南逃，走了约两个月，来到今广东
与江西交界的大庾岭一带。这时后面有好几
百人追来，其中一个叫陈惠明，原是个四品
武官，比较粗鲁，也很有参禅求悟之心。他
跑在众人前面，追上了惠能。

　　惠能把衣钵放在石上，说："这衣是明
心见性的信物，岂是蛮力所能夺取的？"然
后藏到草丛中。惠明赶上来，想拿走衣钵，
竟拿不动，便叫："行者！我为法来，不为
衣来！"惠能于是出来，为惠明说法。惠明
开悟，礼辞而去。

　　第二天，数百人赶到岭上。惠明替惠能
打掩护，说没有见到惠能，想必还没有来到
这里。众人于是回原路细查。惠能得以逃归

·南雄大庾岭梅关古
道。惠能经此逃回岭南

岭南。

　　惠能悄悄回到韶州曹侯村。当地有位儒士叫刘志略，对惠能十分礼遇。志略的姑姑是比丘尼，号无尽藏，常诵《大涅槃经》，惠能为她解说。无尽藏大感惊异，遍告乡中耆德："此是有道之士，宜请供养。"于是乡民纷纷前来瞻礼。

　　当时佛教有一个流传甚广的故事，说当年天竺国（古印度）高僧智药三藏法师渡海来到中国，从南海经过曹溪口时，曾掬溪水而饮，觉得曹溪水甘美如露，与天竺国之水一般无别，认为曹溪的源头必定是宝地。果然，他到了上游的源头，只见山清水秀，鸟语花香，有如人间仙境。智药三藏法师向随行的徒众说："这里简直与天竺国的宝林山一样啊！"智药三藏法师告诉曹侯村的居民："你们可以在这座山上兴建宝刹，在一百七十年后，无上甚深的佛法将会在这座宝刹弘化开演，依这个心法修行成就的人，就像这茂密的树林一样多，所以，这座宝刹以宝林寺为名是最恰当的了。"他预言曹溪

· 曲江南华寺内古无尽庵祀无尽藏

·南雄梅岭关楼

宝林寺的法水将如泉涌不尽，润泽十方。

　　当时担任韶州牧的地方官员把智药三藏法师的话上奏朝廷，梁武帝本人是一位非常虔诚的佛教徒，对佛教的事情非常支持，决定赐额"宝林寺"。后人为了纪念智药三藏法师创寺的功绩，专门在寺里建设了"智药三藏尊者纪念堂"，安奉智药三藏法师的雕像，使其接受信众的供养。

　　惠能出现在韶州后，人们相信智药三藏法师的预言将应在他的身上，于是重建梵

· 黄梅五祖寺传衣阁

宇，延请惠能说法。惠能在寺里住了九个多月，又遭恶人追杀，于是逃到寺前面的山中藏匿。恶人找不着，便纵火烧山。惠能隐身入石中，得以幸免。相传石上有惠能跌坐膝痕和衣布之纹，所以叫避难石，今存南华寺前山中。

逃过此劫后，惠能谨遵五祖"逢怀则止，遇会则藏"的嘱咐，遂继续南下，来到怀集，住了下来。柯杉岗相传是六祖在怀集的第一个落脚点。怀集县城里至今仍存一口六祖井和一座六祖庵，相传是惠能曾经驻足的地方。他藏匿过的怀集"六祖岩"，现在是遐迩闻名的旅游胜地。

离开怀集，惠能沿绥江南下，来到四会，在今广宁县宾亨镇榕村一处茂林修竹中结庐构庵隐居（明代嘉靖时期以前广宁县是四会县的一部分），后来邑人在庵址建了龙龛寺，为六祖又一遗迹。之后，惠能藏匿在四会县东面的扶卢山，后来邑人又在此建了六祖庵以奉祀。最后，六祖在一群猎人中匿藏了15年。猎人叫他守网，他就把落入网中的禽畜全放掉。吃饭时他不吃肉，只吃肉边的菜。直到今天，怀集当地村民每逢年节，也会在家里做一桌"锅边菜"以纪念惠能。

·今日四会扶卢山

追寻惠能南下
避难的足迹

　　从六祖避难石到六祖坠腰石，从广
宁的龙龛寺到韶关的南华寺，六祖留下
了大量的遗迹，而关于他的故事，也广
为流传。

一个人被尊为神、尊为佛，那他的故事就多了。六祖是名闻天下的"圣僧""佛祖"，自然不例外。他从湖北逃往岭南的途中，在韶关、怀集、四会等地，留下了大量的遗迹。无数关于他的故事，在民间流传。

六祖避难石

六祖避难石在今南华寺西南方约三公里处的大旺山的半山腰山脊上，藏在一片青绿灌木草丛中，当地百姓称为"仙人石"。六祖避难石不是一块，而是由三块巨石组成，

·广宁县宾亨镇榕村龙龛寺遗址

其中一块中间有一洞穴，刚好能容一身。相传惠能当年就是藏身于此而避过火焚之劫的。此石至今已历一千三百多年，仍留有背脊痕、膝痕、衣纹痕，且长年为淡红色，与石块的其他部位明显不同，令人惊叹。六祖避难石现为韶关市文物保护单位。

六祖坠腰石

相传惠能在湖北黄梅东禅寺内碓房舂米时，因身材瘦小，为了加重碓力，便在腰间捆了块石头，借助石头的重量多舂米、舂

·广州光孝寺祖堂

好米。有一回，弘忍悄悄来到春米坊，见惠能腰间绑着块石头在春米，便说："为法忘躯，当如是乎？"此石被后人视为六祖苦修求佛并最终得授衣钵的物证。

现在存世的六祖坠腰石有两块。

一块在湖北黄梅县四祖寺。该石为四方形，长0.4米，宽0.35米，厚0.1米，重约28斤，石中刻有"六祖坠腰石"五个大字和清朝著名诗人僧晦山所题诗偈——"块石绳穿祖迹留，曹溪血汗此中收；应如一片东山月，长照支那四百州"，还有"龙朔元年，邑默斋居士蒋文勒石"等字。

据说当年五祖就将此石秘藏起来，并镌刻上字。因为当时东禅寺众僧对惠能取得真传衣钵愤愤不平，所以五祖圆寂时才将此石交出，并吩咐弟子们一定要将此石保存下去。

　　另一块在韶关市曲江县南华寺。相传明嘉靖年间，韶州有一贤人在黄梅做官，到东山寺迎请此石回南华寺珍藏。坠腰石上刻有楷书：龙朔元年镌，师坠腰石，卢居士志。落款为：桂林龙云邦柱书。该石为长方形，凹面呈腰状，长0.38米，宽0.12米，厚0.16米。后来查实该石乃明代复制品。

　　还有一说，六祖坠腰石与日本妇女所穿

·惠能在广州
光孝寺发风幡之论
（雕塑）

·光孝寺瘞发塔

的传统民族服装和服有关。这说的是：南派禅宗后来传入日本并广泛传播，中国人插花献佛、举办盂兰会、坐禅及珍视惠能坠腰石等趣事亦一时风行。日本妇女别出心裁，把坠腰石的形状改成和服装饰，成为其民族服装的象征。这个说法，反映出禅宗文化在日本的深远影响。

六祖足印石

南华寺后山，与"六祖避难石"所在的大旺山相对。传说六祖当年常到这后山拜佛祖。那时山林稠密，野兽出没。一天，六祖步行到半山腰，忽见一只猛虎钻出来，对着他凶相毕露。六祖也盯着它，右脚用力一蹬，大喝一声："善者速退！"那只老虎果然调头而去。那块石头被六祖蹬出一个深深的足印，历一千三百年，至今尚在。

·南雄梅关古道衣钵亭
内衣钵石

六祖衣钵石

在广东南雄梅岭镇梅关古道旁，北距梅关关楼约200米，有一座长方形青砖庙宇六祖庙。庙内左侧有衣钵石，约1平方米，高60厘米。衣钵石前面有一眼泉水井，直径约1米，深约30厘米，井水清澈鉴人，自古不绝。据《南雄直隶州志》记载："衣钵石在大庾岭云封寺侧，相传六祖得衣钵南来，慧明追至，六祖掷衣钵石上，明举之不动。"后来人们就在其放衣钵之处建了这座六祖庙作为纪念。该庙朝东，靠山坡而筑，高3米，宽4米，进深2.8米。始建于

·乐昌西石岩寺仙
人石室入口

唐，明、清历经修建。庙内设六祖神龛，供
奉高约60厘米的泥塑金身六祖像。

仙人石室

韶关市乐昌县乐城镇西北两公里之地，
俗称西石岩，昔有古刹，名"泖溪庙"，
始建于南朝。相传六祖得衣钵从黄梅归，
避难岭南，曾憩于洞内，故又称"仙人石
室""石室仙踪"。石室有门墙，为清代所
建。洞门朝西，进内洞厅方圆约150平方米，
厅内东北方向25米的左上角有一小石穴，相传

为六祖憩息的石床。清初屈大均在《广东新语·山语·泐溪石室》载："右有石床，长二丈，平整可卧，其东四里，又有岩，纵横十字，平广若大衢，名十字岩。横者甚深，有地道可通泐溪石室。"洞内今尚存自唐宋以来的部分题壁，洞厅之《玄帝赞》碑刻更是书法艺术上的一件珍品。1987年，乐昌县政府公布仙人石室为乐昌县文物保护单位。

六祖岩

六祖岩位于广东怀集县城西北面冷坑镇海拔500米的上爱岭峰顶，隐藏在万重峰峦之中。人从山脚爬到山顶，约需一个钟头。

相传六祖自黄梅东山寺得法后南归，为躲避追杀，曾隐居在山上的石室中。该石室高约6米，宽约10米，面积大约20平方米，由三块巨型的花岗岩天然组成。上面一块自西向东突出3米多，形成一个坦荡如砥的天然遮盖。洞内有石柱、石凳、石桌和石香炉，今

·光孝寺古菩提树

·广州光孝寺风幡堂图

尚存。

　　相传六祖岩里有一"出米洞"，乃上苍怜惜栖身于此的惠能，令石裂缝以资其日食。

　　这岩洞因其形状似一个突出的龟嘴，原称"龟嘴岩"，自六祖成名后，当地百姓改称"六祖岩"。现岩上正壁刻有"六祖岩"三个楷体大字，每字一尺见方。岩口侧壁有一幅长约140厘米、高约62厘米的诗刻，为县令蒋航于1907年登六祖岩时所题。诗曰："峭壁悬崖叩上宫，慈悲救世释儒同，如何十载修真地，一任嚣尘历劫红。"山上林茂岩幽，立岩前俯视平野，远近景物尽收眼底。

龙龛寺

　　龙龛寺在今广宁县宾亨镇榕

・曲江南华寺宝林道场

村，六祖曾在此结草搭庐隐居。

六祖自黄梅东山寺回到岭南，为躲避追杀，遵五祖嘱咐，"逢怀则止，遇会则藏"。当时没有广宁县，今天的广宁县是1556年划四会县西北地置县的，位于怀集与四会之间。该地当年竹林茂密，《广东通志》载："龙龛寺在橄榄都榕村，六祖尝避难构庵于此。庵废。明万历初获以古碑，有'龙龛藏锡杖，衣钵在南华'之语，因而建寺焉。"

那块"龙龛寺文碑"今保存在广宁县博物馆。龙龛寺在清道光年间重修，后毁圮，今尚存断壁残垣。

· 曲江南华寺曹溪匾

南华寺

南华寺在韶关市南20公里处，是曲江二十四景中的"南华晚钟"和"曹溪香水"所在地。六祖在此弘法三十六载，弟子遍布天下，故南华寺又有"南宗祖庭"之称。今寺存六祖真身像，唐代千佛袈裟，唐、元、明数代圣旨，北宋木雕罗汉，明代灵照塔等文物。该寺有一联，曰："东粤第一宝刹，南宗不二法门。"该寺每年有纪念六祖的南华诞庙会。2009年9月，六祖铜像在离南华寺约六公里的马鞍山下落成并揭幕。

在广州光孝寺
创立南宗

广州光孝寺与惠能有着不解之缘。惠能在该寺修禅悟道，弘扬禅宗，主张"顿悟"，创立了华南诸宗派，人称"南宗"。

　　惠能在四会一边劳作，一边参悟天地、修禅悟道、践行佛禅理念，其南宗理论逐渐丰富发展，日渐臻于系统和完善，其"顿悟禅学"体系基本建构完成。直到有一天，惠能觉得该是弘扬禅宗的时候了，便离开四会，来到广州法性寺（今光孝寺）。

　　光孝寺原来是南越国末代君主赵建德的故宅。三国时，东吴才子虞翻被孙权贬至广州，在这座尘封百年的老宅里面种树讲学，时人称为"虞苑"。绛帐侍坐者，常数百人，门墙桃李，下自成蹊。画檐蛛网、土花碧深的旧王府，竟然枯木逢春，旧貌换了新颜。

·曲江南华寺九龙壁

　　虞翻死后，他的家人把虞苑捐出，兴建
寺院，名制止寺——这就是光孝寺的前身。
东晋时期，西域名僧昙摩耶舍来广州传教，
修建了大雄宝殿，改名为王园寺。南北朝
时，达摩祖师也曾在此挂单。寺内的"洗钵
泉"，就是达摩洗钵的地方。王园寺经过不
断扩建，全盛时占地竟达方圆三里，有十二
殿六堂。

　　435年，天竺高僧求那跋摩在王园寺中始
创戒坛，设道场，并在寺中立了一块石碑，
上面刻了这么一句预言："后当有肉身菩萨
于此受戒。"智药三藏法师也曾来过这里，
他带着本国的菩提树来到王园寺，植于戒坛

畔，并预言"后一百七十年，有肉身菩萨于此树下，开滨上乘，度无量众。真传佛心印之法主也"。

惠能在光孝寺时，住持印宗法师正在给僧众讲《涅槃经》。一阵风吹来，把挂在旗杆上的幡吹动了，两个和尚为此辩论起来，一个说是"风动"，一个说是"幡动"，谁也未能说服谁。惠能走进来，道出惊人之语："不是风动，不是幡动，仁者心动。"

· 曲江南华寺伏虎亭

（仁者，对他人的尊称）此言一出，众僧全
都骇然。

印宗法师即引惠能至上席，向他请教
奥义。惠能答得言简意赅，印宗大为叹服，
他请惠能取出传法衣钵，让僧众瞻礼。惠能
取出衣钵，同时把"佛法是不二之法"的奥
义阐述一番。印宗法师听得欢喜合掌，大赞
"仁者论义，犹如真金"，并向众僧说"此
肉身菩萨也"，当下就拜惠能为师。

惠能于是就在寺中菩提树下削发剃度。
智光律师为惠能受满分戒（一名具足戒，据
说是佛家修炼之根本），法才和尚则把惠
能的头发埋在地下，当年就在上面盖了一座
塔，即瘗发塔（瘗，埋葬）。经历代重修，
该塔至今犹在。现存瘗发塔由石基灰沙砖筑
成，高7.8米，共7层，呈八角形，每一立面
设佛龛佛像，上作八角攒尖顶。塔形仿楼阁
式，具唐宋风格，是寺中珍贵文物。

求那跋摩和智药三藏法师的预言，都应

· 曲江南华寺圣旨碑

验了。

惠能以极之偶然的"风幡之论"作为契机，公开了自己的"六祖"身份。在宗印法师等高僧的支持下，惠能当年二月为众人"初开法门"，演说其"般若三昧"（意为"恪守空寂顿悟之佛性"），创立南派禅宗，奠定了自己作为禅宗第六代传人的六祖地位。这样，广州就不但是佛教禅宗的"西来初地"，更因惠能在此首演"禅宗妙义"而成为南派禅宗的发源地。南派禅宗后来成为中国禅宗的正统，光孝寺因而被尊为"禅宗祖庭"。

· 曲江南华寺展品钵盂

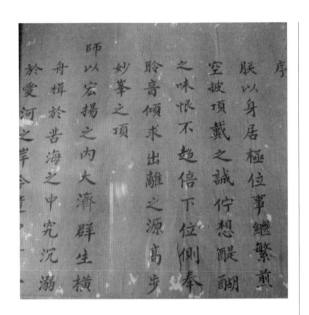

今光孝寺内有六祖殿，原名"祖堂"，
1008年至1016年间始建，1692年重建，供奉六
祖。瘗发塔在大雄宝殿后面。过去寺院中有
旗杆与幡，相传惠能就是在那里发其风幡之
论的。寺院中另有睡佛阁，亦称风幡堂，始
建于705年至707年间，即为纪念此论而建。在
寺院东廊壁上，有"五祖秘授惠能衣钵"及
"惠能发风幡论"的绘画，都是六祖事迹的
艺术再现。

· 乳源云门寺
旧牌坊

惠能在广州光孝寺首演禅宗妙义，翌年（677），他离开广州，北上韶州曹溪宝林寺（今曲江南华寺）任住持，升堂说法。

惠能在宝林寺传教三十六年，弘扬顿悟成佛的宗旨、在世修持的佛法、观照万物的态度和为人处世的智慧。惠能说法，广开禅门，徒众如云，启曹溪法脉之源头。惠能座下嗣法弟子有行思、怀让、神会、玄觉、慧忠、法海等四十余人，而后他们各居一方，成为宗主，承嗣曹溪法脉，使南派禅宗在岭南大地上大为发展、广泛传播，其教义直达边远北地，甚至远播高丽、新罗及日本等国。惠能的声名上达皇室朝廷，下至黎民百姓，连北方各地的僧侣也不远千里南下求法，山阴道上应接不暇，登门求教的学者多达千人。

惠能生活俭朴，不奉权贵，不畏天子，仿佛是一个"圣僧"，因此广受尊崇。

696年，女皇武则天曾遣中书舍人给惠能赐送水晶钵盂、摩衲袈裟、白毡等礼物，其诏书对惠能表达了十分尊崇的心情。后来，北派禅宗领袖神秀上奏武则天，请求催促惠能到京城长安来，惠能却坚持辞谢不来。神

· 新兴龙山六祖坛经塔
《坛经》石刻

秀又写信再次邀请他。惠能对来传信的使者说："我的形貌矮小丑陋，北方人见到我，恐怕不尊敬我的道法。还有先师认为我在南方有缘，也不能违背。"

当时神秀在京城传授"渐教"，"王公已下京都士庶，闻风争来谒见，望尘拜伏，日以万数"，声望如日中天。惠能若去讲"顿教"，别说可能命如悬丝，至少也是自讨没趣。两个理由，将"进京之请"推得干

·八月初三南华诞，南华寺前人山人海

干净净。多妙的托辞，充满洞悉世情的智慧。

当年皇权至高无上，六祖不奉诏是需要相当勇气的。幸好皇帝也没有相强，还送百衲袈裟及钱帛等供养；又敕改宝林寺为中兴寺，由韶州刺史重修，并赐"法泉寺"额。707年，唐中宗赐于六祖故居兴建国恩寺（在今广东新兴县）。713年，惠能驻锡于国恩寺。同年，该寺建成报恩塔。

国恩寺的建筑面积有9200平方米，寺前有半山亭、镜池、山门牌坊等，中轴线上有大殿、天王殿、六祖殿，均为重檐歇山顶建筑，两旁佛堂禅房栉比。寺右有唐中宗赐额、惠能手葬的六祖父母坟等。寺左有报恩塔遗址、惠能手植的荔枝树和六祖纪念堂等。周围峰环峦绕，古木参天。山门外有一副对联："百城烟水无双地，六代风幡自一天。"登山入寺，半山亭前有龙山温泉。

后世把国恩寺、光孝寺和南华寺并称禅宗三大祖庭。

惠能把印度佛教中国化

唐代，印度佛教经典大量翻译引入，信众大为增加，宗派不断创立。而惠能开创的南禅，亦佛亦儒亦道亦玄，在佛教中国化的道路上迈进了一大步。

·六祖真身像

　　惠能如何说法，说了什么，主要就记载在《坛经》这部"宗经"里。

　　惠能的南宗顿教与神秀在北方倡行"渐悟"教旨的北宗渐教相对应，历史上称为"南能北秀""南顿北渐"。"顿"是顿悟，"渐"是渐修，这是禅宗传道的两种方法。

　　南派禅宗还有很多其他的称谓，诸如佛教南宗、禅宗顿教、南宗顿教、禅宗教南派、南宗法门等，说的都是由惠能创立的这个教派。

佛教宗派繁杂，唐代时已有天台宗、法相唯识宗、华严宗、禅宗、净土宗、密宗、律宗等。据宗密《禅源诸诠集都序》的记载，唐代时全国有禅宗学派近百家之多，主要流派分为十室。十室之中，按其学说的宗旨又可分为三大宗。在这形形色色的派别中，惠能创立的这个教派先是流行于今广东、湖南、湖北一带。惠能身后，有弟子神会、行思、怀让等四十余人，大多各化一方，使南派禅宗流布全国各地。

845年，由唐武宗发起的毁佛运动"会昌法难"达到高潮（翌年武宗死，朝廷又复

·广州六榕寺六祖堂

兴佛教），佛教各宗派遭受沉重打击，只有禅宗一枝独秀，后来相继形成河北临济、湖南沩仰、江西曹洞、广东云门、南京法眼等五宗，此所谓"一花五叶"。临济宗后来又分为黄龙、杨歧两派，与上述五宗并称"七宗"，史称"五家七宗"。

到唐末、五代时期，南派禅宗已遍及全国，到北宋初年，达至极盛。今广东乳源瑶族自治县城外6公里，有著名古迹云门寺，其便是广东云门宗的发祥地，由惠能弟子灵树的传法和尚文偃开山建寺、创立宗派。此派曾大行于岭南，并传播至湖南、江西、江淮等地，留下著名的"云门三句"：函盖乾坤、截断众流、随波逐流。

南宋以后，惠能门下的五宗只有临济、曹洞两宗盛行，余均不传。

在禅宗诸多学派里，惠能创立的南宗顿教影响最广、信奉者最多，超过北宗及其他学派，直到今天仍是如此。中国人信佛，

· 乳源云门寺众妙之门牌坊

其中大多数人在实践上都是六祖的门徒。人们所信奉的佛教，基本上就是这南宗顿教。尽管他们之中没有多少人会去研究玄奥的佛理，也不知道这个派那个派。

惠能创立的南派禅宗何以能够如此盛行，赢得如此广泛的信奉？其魅力何在？其奥妙何在？这主要在于惠能所创立的修行理论。

佛教自东汉正式传入中国，时称"浮屠"或"浮图"，但当时只是被视为神仙道术的一种，流传不广。东汉后是三国两晋时期，那时慧远为南方佛教领袖，宣传因果报应论、神不灭论及死后转生西方极乐世界的信仰，传播甚广，影响至今。

　　南北朝时期，南朝各代帝王大都崇奉佛教，其中又以梁武帝为甚，他使佛教普及于南方。当时佛教已出现了三论、毗昙、俱舍摄论等学派。其中有个杰出的佛教学者叫竺道生（355—434），他认为文字只是表意之工具，不可执滞。他更批评积学渐悟的观点，提出顿悟成佛的学说，宣扬一切众生悉有佛性和"一阐提"（灭绝善性者）皆得成佛的主张。其学说在南北朝初期曾风行一时，可谓二百年后南派禅宗的先导。惠能以自己罕见的聪明与悟性把它加以创新并发扬光大，同时融入了《楞伽经》《金刚般若经》《文殊说般若经》《维摩经》《涅槃经》等佛经

・韶关大鉴禅寺石刻
《佛法在世间》

的思想，自成南宗法统。

佛教是外来宗教，它要在中国获得根基，就必须与中国传统本土文化相融合，才可能发展并广泛传播，否则就只能成为文人书斋中物，不易被大众接受。惠能的高明之处还在于他创立的南派禅宗融摄了儒家伦理道德观、人文精神和道家自然无为的处世态度，以及幽深微妙的玄学思辨方法，使其符合中国文化和社会伦理，从而成为中国文化的有机组成部分。

·新兴龙山六祖坛经塔。塔之四壁刻《六祖坛经》

　　韶州地方官曾经问惠能，在家如何修行？惠能给他吟了一首《无相颂》，并说："你只要按这个修行，就与经常和我同处没有区别。如果不按这个修行，就算你剃发出家，也没什么益处。"颂曰：

　　　心平何劳持戒，行直何用修禅。
　　　恩则孝养父母，义则上下相怜。
　　　让则尊卑和睦，忍则众恶无喧。
　　　若能钻木取火，淤泥定出红莲。
　　　苦口的是良药，逆耳必是忠言。
　　　改过必生智慧，护短心内非贤。
　　　日用常行饶益，成道非由施钱。
　　　菩萨只向心觅，何劳向外求玄。
　　　听说依此修行，西方只在眼前。

　　这颂明显包含着许多儒家的伦理道德观，如恩、义、让、忍、改过、孝养父母、奉事师长、苦口良药、逆耳忠言等，惠能只是用佛偈的形式表达出来而已。惠能的禅宗理论既佛又儒，既是佛学化了的儒学，又是融合了儒学的佛学。惠能在故乡建国恩寺的同时就建了报恩塔，以表孝道。

· 六祖圆寂

　　惠能教导人们："什么叫皈依真佛？所谓皈依，就是要去掉心中的不善心、嫉妒心、谄曲心、吾我心、诳妄心、轻人心、慢他心、邪见心、贡高心及一切不好的行为，常自见己过，不说他人好恶，就是皈依。"这同样是把儒学化进了佛学中。谦卑、恭敬之类，不必说了，"常自见己过，不说他人好恶"，明显是儒家"静坐常思己过，闲谈莫说人非"的意思。整段说法佛儒融合，可谓"慈悲救世释儒同"了。

再看看禅宗与道的关系。道家追求摆脱社会束缚，过符合自然本性的生活。惠能则引导禅众撇开外部形式而致力于自心自悟，实现在日常生活中自由自在、无为而无不为的妙用妙行。这种心性学说尤为文人士大夫推崇，他们多参禅悟道而非看经行戒，"云动水静，一任自然"。这种禅宗文化，对宋明理学、宋元道教、中国艺术精神和中国文

·曲江南华寺祖殿，内供六祖真身

人士大大的生活方式诸方面都产生了深刻的影响。钱穆在《六祖坛经大义》称："唐代之有禅宗，从上是佛学之革新，向后则成为宋代理学之开先，而惠能则为此一大转折中之关键人物。"

禅宗与玄学也大有关系。玄学乃浮虚、玄虚、玄远之学，幽深而微妙。玄学妙在哪？其主要就妙在玄虚而难以捉摸，论事不着一边，可以从不同的角度去理解和体会，而有不同的感受或结果。

玄学盛行于魏晋时期，重在把握义理，反对执著于言词、具象，所谓"得意妄言"。这与深邃的佛学有相通之处。佛教常说"无住无往亦无来"，"无动无静，无生无灭，无去无来，无是无非，无住无往"，但这到底是个什么样子？没有具象，只靠想象，全看受众的"领悟"。论具象就难免"执著"，落到一边。"不执著"，方可达"大道不称，大辩不言"的境界，这种境界只可意会，不可言传。就这点来说，称南派禅宗以玄学为本质，并非贬损。正是由于如此"玄奥"，宋代的契嵩就直接用玄学指佛学："论者谓之玄学，不亦详乎！天下谓之宗门，不亦宜乎！"钱穆也在《六祖坛经大义》称："从惠能以下，乃能将外来佛教融入于中国文化中而正式成为中国的佛教。"

毛泽东对惠能也有很高的评价："惠能主张佛性人人皆有，创顿悟成佛说：一方面使繁琐的佛教简易化，一方面使印度传入的佛教中国化。因此，他被视为禅宗的真正的创始人，亦是中国佛教的始祖。在他的影响下，印度佛教至高无上的地位动摇了，甚至可以'呵佛骂祖'，他否定传统偶像和陈规，勇于创新，并把外来的宗教中国化，使之符合中国国情。"

南派禅宗，这中国的佛教，亦佛亦儒亦道亦玄，妙不可言。

惠能把中国佛教平民化

惠能的南派禅宗，融摄儒、道、玄诸家元素而成中国文化的有机组成部分，自性感悟，自得解脱，学佛者众。

惠能立教之时，很多佛教宗派都注重佛经繁琐章句的解释和经院学派的研究，奉行各种修行的形式，如以五祖大弟子神秀为代表的北派禅宗，主张的仍是名目繁琐、坐禅参佛的渐悟教义。惠能的衣钵受自弘忍，但他主张的却是顿悟教义。自初祖菩提达摩至五祖弘忍，他们都不曾提过顿悟说。这是惠能的创新。他主张直澈心源，顿悟成佛。这种教义不重禅定的形式，而重心性的清净。"菩提只向心觅，何劳向外求玄。"

惠能把他的理论放在人间，是"人间佛法"。他告诉世人："佛法在世间，不离世间觉。离世觅菩提，恰如求兔角。"觉，既是心的觉悟，亦是对外界的感觉。菩提，是觉悟的境界。兔是没有角的，世间的人如果撇开所生存的世间去寻找佛法，就如同找兔的角，是不可能找到的。这个"佛法"，不是成佛、作佛之法，而是人世间的"修持"之法。

· 立于广州下九路北侧的西来古岸碑，乃达摩登陆之处

· 广州六榕寺六祖铜像

南宗认为人的本性是纯净的。人人生有佛性，所谓"人虽有南北，佛性本无南北。獦獠身与和尚不同，佛性有何差别"，自心是佛。"佛"字的本义即"觉悟"（"佛者，觉也"），皈依佛就是认识自心自性。南宗强调透过直觉感悟到自身固有的佛性。人追寻自己的本性，并涵养平静的工夫，那就能"觉悟"，此之所谓"净心""自悟"，而无须外在的协助。若识自性，悟即一切悟，当下"明心见性"（明心：无烦恼的清净心。见性：见到与佛无二无别的佛性），便可"见性成佛"。

　　这是"直指人心"之法，不必累世修行，无须大量布施，摒弃繁琐仪式，用不着坐禅，用不着讲习背诵浩如烟海的经卷，无须离群索居、远离尘世，只要真心向佛，出家在家皆可。抛开所有外在形式，"自心皈依净，一切尘劳爱欲境界，自性皆不染着"。惠能将历来通过对外在神灵的信仰和崇拜的作佛法，改变为纯属是个人内在的心性追求与"觉悟"。

· 广州六榕寺六祖堂内供奉六祖铜像

· 乐昌西石岩寺

这便是南派禅宗的"顿悟法门"，这是与原始印度佛教和当时中国流传的佛教各宗派不同的理论。它发挥了高度的主观能动性，推翻了佛祖的绝对权威与佛经的神圣地位：从千百万字的经论到一字轮王咒，从净土到地狱，从佛到饿鬼，从生前修行到死后舍利，都被"一切诸法皆由心造"推倒，从而将印度佛教的禅学思想彻底改造成了具有中国特色的南派禅宗。

这是对中国佛教乃至世界佛教的一场革新。惠能不仅是岭南文化的杰出代表、珠江

文化的圣哲，也是佛教史上伟大的改革家。

国学大师陈寅恪称赞六祖："特提出直指人心、见性成佛之旨，一扫僧徒繁琐章句之学，摧陷廓清，发聋振聩，固我国佛教史上一大事也！"这是说惠能与魏晋时期嵇康、阮籍骂倒儒学六经一样，有摧陷廓清的功绩。

六祖在一千三百多年前告诉世人：佛就在你心中，自心即佛，"明心见性"，"见性成佛"，这是连作为传播思想工具的文字都是不需要的。所谓"不立文字，教外别传"（"教"指经教，即佛陀之言教。这是说禅宗之相传不依言教，而系以心传心。其所传是经教之外的另一种传授）。因而出家、仪式、经卷等都不重要，于身外求佛时必须遵循的一切清规戒律都可不要，开辟出了一条自修自悟即可见性成佛的途径。

这种理论最容易让人接受，最适合既想求佛又不想放弃世俗享乐的在家人。朝野上下，从各级官僚、文人士大夫到一般平民百姓，越来越多的信佛者奉行南宗，后世有人夸张地说："举国僧徒除蒙藏喇嘛外，十九皆南宗子孙矣。"其一直影响到现在，显然还要影响到将来。今天走进寺庙礼佛的善男信女大都不知有这些理论，但他们却是在实践着这种理论。

总之，惠能创立南宗的最成功之处是用通俗简易的求佛成佛方法，来取代佛教其他各宗派的繁琐义学，从而使佛教变得容易为大众所接受。"一切众生皆有佛性。"这种众生平等的观念也降低了佛教门槛，扩展了信众基础，利于传播。同时，惠能提倡随缘任性的自然生活，"行住坐卧皆是禅"，"运水搬柴皆是道"，使禅宗趋向平民化、世俗化，将禅理融入日常生活中，达至润物细无声之效，成为一种适合中国大众的"世俗佛教"。

禅宗的价值不在西方极乐世界，而在人

·怀集冷坑上爱岭六祖
岩出米洞

间。一位游客问五祖寺里某位法师："禅是
什么？"法师答："禅是生活的智慧。"说
得妙。

　　惠能的学说，摒弃一切繁文缛节，直指
人心；自性感悟，自得解脱。这种学说融摄
儒、道、玄诸家元素而成为中国文化的有机
组成部分。它不是玄奥的理论，而是不离世
间的实践，是摒弃坐禅、拜佛等外在形式的
深邃智慧。它博大精深、系统圆融，有其巨
大的、潜移默化的力量，更有无限空间让后
学阐扬发挥。佛理禅机被融入世间生活的方
方面面，这是其长久生命力所在。

唯一由中国人
说的经

惠能说法，被佛教徒称为"经"，而且是唯一由中国人说的"经"，由此得知，惠能在中国佛教界的崇高地位不可替代。

惠能本人并无著作，弟子法海将其在大梵寺的讲法内容记录整理，而成《坛经》。《坛经》又称《六祖坛经》，或称《六祖大师法宝坛经》，主要是说摩诃般若法。"摩诃"是梵语"大"的意思，"般若"是梵语"智能"，"摩诃般若法"就是"大智能法"。佛教经书虽多，但能够说法被称为"经"的人，只有释迦牟尼佛，但是惠能说法却被佛教徒称为"经"，而且是唯一由中国人说的"经"。惠能在中国佛教界的崇高地位，可想而知。

· 肇庆梅庵六祖井

现在流传的《坛经》大概有几种版本：

敦煌本：不分卷。原本是20世纪初在甘肃敦煌石室发现的手写本，约成书于五代时期，题目为《南宗顿教最上大乘摩诃般若波罗蜜经六祖惠能大师于韶州大梵寺施法坛经》，下署"兼受无相戒弘法弟子法海集记"，卷末题为"南宗顿教最上乘坛经法一卷"。但据说该本已是菏泽一支后人的改窜本，现藏英国伦敦大英博物馆。

惠昕本：二卷。原本是近代在日本京都堀川兴圣寺发现的复刻宋本，题作《六祖坛经》。宋邕州罗秀山惠进禅院沙门惠昕觉得

·光孝寺山门

古本文字繁缛冗长，于是在967年进行改订，将内容分作二卷十一门。该本于1153年由晁子健在蕲州刊行，后流传日本，由兴圣寺翻刻。

德异本：据说是曹溪原本，不分卷，题目为《六祖大师法宝坛经》。1290年，蒙山德异于在吴中休休庵刻《坛经》；1471年，后人又于曹溪重刻；1573年李材（见罗）再刻；1616年德清于庐山法云寺复刻；1652年秀水王起隆等又据李材本校刻。

宗宝本：不分卷。元代风幡报恩光孝寺住持宗宝于1291年改编，题作《六祖大师法宝坛经》。据宗宝所说："续见三本不同，互有得失，其板亦已漫灭，因取其本校雠，讹者正之，略者详之，复增入弟子请益机缘，庶几学者得尽曹溪之旨。"

自从敦煌的版本被发现后，学者们根据各种版本进行了互校，又出现了多种校本。据专家认为，《坛经》是经过不断增减修订后形成的。现今所见的版本，主要是依据德

· 广州华林寺
祖师殿内达摩像

异本，参考宗宝本。由于《坛经》是研究禅宗惠能的第一手资料，具有重要价值，因此引起了各国学者和僧人的重视。日本学者在这方面的研究最早，中国学者后来追上，也取得了不俗的成就。

第二次世界大战后，《六祖坛经》《禅宗之源》等禅学著作的英译本刊行流布，使禅宗走向了西方世界。《六祖坛经》还有德文、法文、西班牙文、日文、韩文等译本，使禅学在欧美的英、德、法、美等国发展起来，南派禅宗义理与修行禅定方法逐渐为西方各国人民所认识和接受，一批禅学信众和团体相继出现。他们建立了许多禅定和静坐中心，在世界各地举办研讨会和定期集会，形成了一股"禅宗热"。

· 南华诞会乡民前来拜六祖

真身与衣钵之谜

　　惠能真身和衣钵到底何在？后世万般猜测，众说纷纭。这谜，直到如今还未解开。

惠能临终前吟了最后一偈，这是他对自己创立的南派禅宗的最后总结。偈曰："兀兀不修善，腾腾不造恶；寂寂断见闻，荡荡心无着。"善、恶、见闻，都是人世间的事。"心无着"就是不把这种种人世间的事放在心上，"荡荡"便是心的这种"空寂虚无"状态。这里阐述的显然不是"菩提本无树"的四大皆空，而是人世间的修持之法，度人解脱心中烦乱、困扰之法，医治心病之法。佛家所言：得大解脱。

·肇庆梅庵

·新兴龙山国恩寺

　　唐先天二年（713）八月三日，六祖在国恩寺召集众弟子说了一番禅理，端坐到三更时分，对门徒说"吾行矣"，便奄然迁化（圆寂），享年七十六岁。大文豪王维曾撰《六祖惠能禅师碑记》，描写惠能圆寂时的情景："至某载月日，忽谓门人曰：'吾将行矣。'俄而异香满室，白虹属地，饭食讫而敷坐，沐浴毕而更衣，弹指不留，水流灯焰，金身永谢，薪尽火灭，山崩川竭，鸟哭猿啼，诸人唱言：'人无眼目。'列郡恸哭，世且空虚。"一代伟人，于焉逝去。

　　812年，唐宪宗诏谥惠能为"大鉴禅师"。存放惠能真身的塔称"元和灵照"（或称"元和正真"）。唐代除王维外，柳

·新兴船岗镇
龙台古寺

宗元亦撰《曹溪大鉴禅师碑》、刘禹锡撰《曹溪大鉴禅师第二碑》，记述其事迹。

宋太宗加谥惠能为"大鉴真空禅师"，诏新师塔曰"太平兴国之塔"。宋仁宗曾迎惠能真身入大内供养，加谥为"大鉴真空普觉禅师"，最后宋神宗再加谥为"大鉴真空普觉圆明禅师"。

六祖圆寂后，他的弟子们为他保留了真身。

在惠能之前，中国佛教无论哪一个教派，僧人死后基本上都是按天竺法火化遗体；若是名僧，则从烧后的骨骼中捡取碎骨，奉为传世"舍利"。比如有关唐三藏的舍利就一直众说纷纭，有的说在陕西，有的说在南京，有的则说已流失到日本。相传今天广州六榕寺花塔下就埋藏着佛祖的舍利子，还曾流传"佛牙放光"的传说。惠能开创的南宗，不按天竺旧例火化而改用全身葬法。

　　惠能圆寂后，广、韶、新三郡争迎真身，一时解决不了在哪存放的争论。人们于是在六祖故居国恩寺所在的龙山前焚香祷告："香烟指处，师所归焉。"只见香烟直贯曹溪。于是六祖真身与所传衣钵回归南华

· 怀集冷坑六祖禅院六祖殿

寺。龙山前自此有香灯冈。清代简炳骥有一首《新州竹枝词》咏："年年重九醉龙山，浮白欢呼万事闲。好是香灯冈外望，炉烟犹忆注韶关。"

五代时，刘氏割据岭南建南汉国，每年正月十五上元灯节，就会迎六祖真身入韶州城为民祈福。

今天人们去游南华寺，看到寺中所供奉的惠能真身坐像，通高约80厘米，结跏趺坐，腿足盘结在袈裟内，双手叠置腹前作入定状。坐像头部端正，面向前方，双目闭合，

·四会六祖寺牌坊

面形清瘦，嘴唇稍厚，颧骨较高。人们心中难免感到困惑：这真的是六祖的真身吗？肉身存放了一千几百年，能不腐化吗？

是的，这是六祖的"真身"，但它只是"真身"的"壳"，与一般人心中有关"真身"的概念并不相符——肉身早已腐化无存了。

说真又不真，怎么回事呢？这得说说"真身"的制法，据传是这样的：

高僧圆寂后，脱去遗体的衣服，背后用铁条撑持，让他盘膝而坐，然后用上好福州

·六祖真身像

漆加香粉涂漆尸身，干后再漆，如此加漆达数十次之多，尸身便会罩上了一层厚约一两厘米的漆壳。漆壳的底下留有一个小孔。完成了上漆之后，把尸体放在底部有孔的大缸里，上面再盖上大缸，深埋地下。如此过了几年，尸体自然腐化成水，由下部的小孔排出，并由缸底的孔排出缸外，这时漆壳内就只剩下一副骨骼，而外表就成为发亮的"真身"。

六祖真身在历史上曾经历过三番劫难。

　　第一次遭劫牵涉禅宗南北两派的对立。相传惠能死后，其嫡传弟子神会在洛阳菏泽寺宣扬南宗教义，遭到北宗门徒的仇视。他们曾三次谋杀神会，但都没有成功；又派人入岭南，要割取惠能的头颅。刺客找到南华寺，用刀砍真身颈部，猛听得锵然有声，寺僧闻声惊觉，刺客扮成"孝子"仓皇脱逃。事后寺僧见惠能的真身颈部有伤痕。

　　六祖的真身坚硬如铁吗？不是，那是因为真身颈部有铁块包裹着。据传六祖生前曾告诉门徒，说自己身后五六年，会有人来取

自己的首级。六祖圆寂后，门徒为供存其真身，特地建造了"灵照塔"。为了防止别人来取其首级，他们先以铁叶漆布保护着惠能的颈部，再置入塔中。据说当时有白光从塔中出现，直上冲天，三日始散。

第二次遭劫在南宋末年，这次是被戳穿了胸腹，此事见文天祥《南华山》一诗后的附记："六祖禅师真身，盖数百年矣。为乱兵割其心肝，乃知有患难，佛不免，况人乎！"当时文天祥被元兵押解上燕京（今北京），途经南华寺，目睹惠能真身遭此大劫，作诗感叹"佛化知几尘，患乃与我同。有形终归灭，不灭惟真空"，并写下附记。不过那真身当时只是个漆像"壳"，乱兵应该是挖不到心肝的。

第三次遭劫在"文革""破四旧"之时，有红卫兵打算把六祖真身抬到街上，当众"解剖"，看看是否是死人骨头。幸好事前寺中众僧将真身隐藏起来，谎称已被其他

人抬走扔掉了，真身才幸免于难。

　　六祖真身是佛门中的"法物"，历唐、宋、元、明、清千余年，遭逢各种人祸兵灾，寺庙也屡经兴废，竟能保存至今，也可谓奇迹。今天南华寺所供真身，体内用铁条支撑，大部分用泥草填充，枯骨尚存数根，容貌仍如生前，弥足珍贵。

　　惠能圆寂后，他的衣钵去向，也成了一个谜团。相传当年藏六祖真身的灵照塔，塔内还藏有"信衣"（五祖传给惠能的木棉袈裟）及唐中宗所赐摩衲袈裟、宝钵等物。惠

· 南华寺举办"纪念六祖大鉴禅师一三七四周年消灾法会"

能圆寂后，唐肃宗曾遣使岭南，把惠能的衣钵请到长安供养。后来，唐代宗梦见六祖大师"请衣钵"，于是又把衣钵送回曹溪南华寺。这些佛教宝物，后来曾经被盗四次，但都没有丢失，最后毁于北宋平定南汉的兵火。

南宋人张端义撰《贵耳集》，乃搜集朝野轶闻所成之书，其中说到达摩的真传衣钵放在韶州南华寺里，每晚都有老虎来守衣钵。不过，武则天赐给寺中的所有物品，如今早已散失不存了。

到了1030年夏四月，宋仁宗诏迎韶州曹溪
南华禅寺六祖大鉴禅师衣钵，入禁中清净堂
供养。八月十五日，他遣使送还，赐南华长
老普遂号智度大师。

有关法衣的下落，后世还有其他说法。

一种说法是：惠能得传自弘忍的法衣被
唐武则天下旨取了去，转赐给了弘忍十大弟
子之一的智诜禅师；另送给惠能袈裟一件及
绢五百匹，作为报酬。惠能换得袈裟后，仍
将其视作达摩袈裟，表示正统所在。智诜禅

·新兴龙山六祖广
场石刻《弘法济众》

师得了袈裟，怕被劫杀，深藏若虚，临死才秘密传给继承人。法衣最后下落如何，不得而知。

另有一说是，六祖圆寂后，弟子尊师勿传衣钵之嘱，将达摩传来信衣，中宗敕赐摩衲、宝钵等物，都埋于灵照塔下，永镇宝林道场。

总之，说法不一，衣钵下落不明。

后人可以肯定的是，惠能遵照五祖弘忍的嘱咐，没有把"真传衣钵"再往下传。惠能不传其衣，只传其法。惠能曾对弟子们

·新兴龙山国恩寺内六祖父母坟

说：为了保存这件袈裟，三次有刺客来取我性命，我命若悬丝，恐受衣人遭不测，故不传此衣。从道理上讲，惠能所创南宗乃以心传心，识心见性，自性自悟，不假外物。衣钵亦不过是心外之物，传之何用？故"说法要无有疑者。衣钵不须传也"。

在后世众说纷纭的传说中，都没有六祖传衣钵的说法，更没有出现过"接受了真传衣钵的七祖"。唐德宗曾立惠能嫡传弟子神会为禅宗第七祖，但没提真传衣钵，北宗亦曾立神秀弟子普寂为七祖，不过都没有得到后世公认。所以后人都说，"禅门至六祖，衣钵无人得"，"至惠能为六祖而衣钵绝"。

历尽劫火今犹存

位于广州六榕寺的惠能铜像，据说是中国佛门按真身人塑铸铜像中的第一个。尽管这尊铜像在历史上曾遭遇三次浩劫，但至今还是保存了下来。

·怀集冷坑六祖禅院六
祖殿區

广州有著名佛寺六榕寺，此寺前身是宝
庄严寺，建于南朝刘宋时（420—479）。北
宋初，该寺毁于兵火，后于988年重建。当时
的寺僧以崇奉六祖为"净业"，故名"净慧
寺"。今天广州的净慧路和净慧街便是由于
位于当年的这座净慧寺旁边而得名。

建寺同年，寺僧们铸造了六祖惠能的青
铜像。铜像为跏趺坐，高1.35米，宽1.16米，
座高0.71米，重五百余公斤。僧众在寺内设
"六祖堂"专殿以供奉。

铜像容貌栩栩如生，双目微闭，眉弓微

凸，双唇紧闭，神态庄重而自然，酷似南华
寺供奉的六祖真身漆像，很可能是当年的能
工巧匠仿那尊漆像铸成的，堪称北宋时铸铜
造像中的精美之作、佛门珍品。据考证，这
尊六祖铜像是中国佛门按真身人塑铸铜像中
的第一个。

　　历史上，此像曾三次险遭毁掉，可谓
"大难不死"。

　　第一次在明朝崇祯末年，此时铜像已被
供奉了六百五十余年。据说有姓方的权势之
家想毁掉铜像，幸好没有得逞。

·黄梅五祖寺《金刚
经》石刻

·黄梅五祖寺般若门

第二次在清朝光绪年间，游智开署理广东巡抚（1889—1890），他曾打算熔掉铜像来铸钱币。神奇的是，当他走进六榕寺时，心里惊慌起来，感到害怕，因此不敢动手。

第三次则在"文革"期间。当时"破四旧"狂潮骤起，据说曾有四个红卫兵举起五磅铁锤猛击铜像，但铜像岿然不动，可谓"金刚不坏身"。当时全寺佛像被毁，唯这六祖铜像幸存。

六祖真身三次遭劫，六祖铜像亦是三次

遭劫，然而都化险为夷，说来真有点神奇色彩。

1989年，铜像恰满千载，时任中国书法家协会主席的启功先生来游六榕寺，为铜像题下这样的赞词："身非树，镜非台，无物无尘自去来；千载铸，百灵开，众生顶礼愿无灾。"该词赞得极好。

今天六榕寺六祖堂仍供奉着这尊六祖铜像，神态仍是那样的庄重而安详。像前有供案，置莲花灯、鲜花果品。堂前檐下挂篆书"六祖堂"木匾；并排左面是"一花五叶"

·黄梅四祖寺衣钵塔

匾，概括了禅宗的源流；右面是"曹溪法乳"匾，颂扬了六祖在曹溪宝林寺（今南华寺）演南宗佛法的事迹。堂前有一联，歌颂六祖功德：

祖像铸千年，衍派传宗，明镜非台留法偈

坛经度亿兆，识心见性，菩提无树证禅机

六祖在避难岭南之前，是不识字的。他在东禅寺时，跟着童子来到南廊，承认自己不识字，请张日用为自己代书"菩提本无

· 曲江南华寺祖殿，供奉六祖

·乳源云门寺释
迦佛塔

树"偈。惠能得衣钵后潜回韶州曹侯村时，比
丘尼无尽藏向他问字，他说："字则不识，
义则可问。"可证直到那时他仍不识字。

不过，惠能随后在怀集、四会一带藏匿
16年，以其超凡的聪慧天资，识字何难？他不
但识字了，而且肯定研读过经文。他在以后
弘法的37年里，更涉猎过前代诸家经典，且有
相当造诣，否则不可能在弘法时引经据典，
出口成章。出口成章可以凭口才，引经据典
那可是真才实学，不可能信口开河。这都记
载在《六祖法宝坛经》里，可谓有书为证。

六祖还写得一手好文章。他曾写过《金
刚般若经口诀正义》一卷。《全唐文》卷

四祖法語

坐禪看心　滔然得性

清虛恬靜　身心調適

能安心神　窈窈冥冥

氣息清冷　徐徐斂心

神道清利　心地明淨

觀察分明　內外空淨

心性寂滅　如其寂滅

聖心顯矣　性雖無形

志節恒在　幽靈不竭

常存朗然　是名佛性

見佛性者　永離生死

節錄四祖《入道安心要方便法門》

九百一十四收有惠能的《金刚般若波罗蜜经序》。这一书一文无疑为惠能的著述。此外，《肇庆府志》还录有惠能著《金刚经释义》《金刚经大义》《六祖解金刚经》《注金刚经》《六祖解心经》《顿教理法经》《诸寺说法集》等书目。今存《金刚经释义》，其他书则均已失佚。这些书是否惠能所著，还是著者假借惠能之名，已难确考。

民间还有不少有关六祖的传说，诸如"六祖治妖""六祖施法造化狮子岩""六祖斗法陈亚仙"等，这类故事往往把这位圣僧变成了中国道教中的神仙术士。《六祖坛经》既不讲因果报应论、神不灭论及转世投胎之类的事，更没有涉及这类神仙道术的事。所以这些故事都只不过是后人穿凿附会，不足为信。

禅宗胜迹遍布天下

作为信众最多的佛门宗派，南派禅宗乃中国禅宗正统，大江南北随处可见岭南禅宗的胜迹。

中国禅宗发源于岭南，六祖弘法于岭南，所创南派禅宗乃中国禅宗正统，为信众最多的佛门宗派，因而岭南禅宗胜迹众多。

在广东新兴县集成镇迳口村背面的竹院山麓有竹院庵，因其坐落在竹院山而得名，俗称竹叶庵，建于明末清初。门额两边悬挂木联："竹翠松青仰望大千世界，院深舍静宜弘不二法门。"庵内有六祖殿，供奉六祖，还有大雄宝殿、观音堂、禅房等建筑。

韶关市仁化县丹霞山有别传寺，由澹归

·光孝寺菩提树，相传六祖在此祝发受戒

禅师创建于1662年。寺院建筑气象庄严，曾住僧众千人，其规模之大，堪与韶关南华寺、云门寺媲美。该寺在乾隆及民国年间曾两次被焚，焚后相继重修，民国时期广东省政府曾拨款重修并立有重修碑文。

"文革"期间，别传寺损毁殆尽，只留残存于山门石壁上刻的"丹霞""法海慈航""禅林第一""红尘不到""赤城千仞"等大字。1980年后，年逾古稀的本焕老禅师立下誓言，要修复别传寺。经过多年努

· 曲江南华寺石刻《六祖黄梅求法》

力，该寺先后修建了大雄宝殿、天王殿、钟楼、鼓楼、禅堂、僧舍、客房等。1990年代末，仁化县政府将丹霞山半山万余平方米土地和旅游设施移交给别传寺，使别传寺佛事活动场所进一步扩大。

唐长庆年间（821—824），怀集乡民为了纪念一代宗师六祖，在冷坑镇与马宁镇交会处的六祖岩下面兴建了一座六祖禅院，供奉六祖禅师金身。在漫长的岁月中，六祖禅院逐渐废圮。1871年，人们又重建了六祖禅院，规模比原来更大，后因年久失修，其大部分建筑又再崩塌，仅残存禅院正堂。1982年，该寺重建，经过三十多年发展，目前颇具规模。

在广东四会县东扶卢山下原有一座六祖寺（六祖庵），今在贞山风景旅游区内。据《肇庆府志》记载："六祖庵在县东扶卢山下，六祖尝避难于此。后人因建庵祀之。"该寺具体建于何时，已难确考，一般认为始建于唐代，后废，至清代中叶重建，并从山上移址于山下。

·曲江南华寺
《六祖坛经》石刻

六祖从黄梅东禅寺得法南来，曾在四会避难藏匿15年，其间向民众宣传佛法。为纪念六祖，乡民把他藏身的这座山称为扶卢山，意为匡扶惠能弘扬佛法，并在山上建六祖庵供人奉祀，庵后毁圮。1809年人们重修该庵，为方便乡人奉祀，移建于山下现清塘镇营脚村边，1811年落成，规模较前扩大，易名六祖寺。六祖寺在光绪年间已颓废，仅存残垣断壁，为四会县唯一尚存的佛教圣地遗址。1997年，人们移址于贞山重建六祖寺，并于2000年11月竣工。六祖寺依山面水，规模和气势恢宏，是现今以"六祖"名寺的最大庙宇之一。

除了在新兴、韶关、怀集、四会、广州等地分布着众多与六祖禅宗相关的寺院之外，在肇庆尚有梅庵、白云寺等，亦与六祖有渊源。

梅庵在广东肇庆市端州区城西的梅庵岗上，现为肇庆市博物馆。相传六祖喜爱梅花，晚年从韶州回家乡新州时，路经端州，曾驻驿城西并"插梅为标"。996年，僧人智远为纪念惠能，便在惠能插梅处建庵，取名"梅庵"。庵址在岗峦怀抱之中，环境清幽。1978年，梅庵全面修葺，现存山门、大雄宝殿、祖师殿等建筑。梅庵山门前平台上有六祖井泉。大雄宝殿其形制、结构及手法是广东现存的宋代木结构建筑的孤例。檐柱楹联："空早悟于杵臼尘间菩提无树，泽长流乎辘轳声外井水有源。"

在肇庆鼎湖山的西南隅，云溪上游有

·光孝寺睡佛阁

· 农历九月初一广州光孝寺拜佛的信众

白云寺，为六祖十大弟子之一智常创建。当时属下有招提三十，遍布山中。该寺后历宋元，兴废失稽，明万历年间重建，改称"鼎湖古寺"。楹联："卅六招提皈依古佛，十七谪地迥出高天。"该寺在清咸丰和光绪年间两次重修。

白云寺盛时，寺前空地为僧徒集市之处，谓之罗汉市。寺内古迹颇多，有千年古梅、古桂；寺外有涅槃台，台下刻有"正法眼藏，涅槃妙心"八个大字，传说是智常手迹，是肇庆市最古老的摩崖石刻之一。此外，该寺尚有跃龙庵、罗汉桥、圣僧桥、钓鱼合、仙棋石、石城门等遗迹。白云寺附近还有老龙潭、三昧潭、水帘洞天、浴佛池等胜景。

在广东乳源瑶族自治县城外6公里处，附城乡云门村云门山下，还有一座云门寺，是禅宗五宗之一云门宗的发祥地。云门寺创建于五代后唐时。六祖弟子灵树的传法和尚文偃开山建寺，创立宗派。相传，文偃祖师圆寂，葬方丈室塔内。据说15年后启塔时，法身如故，眼半合而珠光欲转，口微启而珂雪密排，髭发复生，手足犹软，放光散香。

白云寺前有观音山，后有桂花潭、出米石、九仙岩、慈悲峰、钟鼓石等山水名胜。乳源古八景之一"秀顶奇云"缘由此出，为岭南胜境之一。白云寺现存殿宇为1943—1950年间住持虚云募化重建。

与六祖和禅宗有关的寺庙，不仅遍布岭南，而且在全国各地，甚至海外都有很多，足见其影响之广。

　　远在河南嵩山少林寺西北的五乳峰下，有一间初祖庵。大殿建于1125年，具典型宋代风格。大殿东南有古柏一株，相传为唐初禅宗六祖惠能所植。初祖庵附近保存有书法家黄庭坚、蔡卞等人书写的赞颂初祖达摩的碑石四十余品。

　　在黑龙江哈尔滨市南岗东大直街有极乐寺与七级浮屠塔，塔在寺东，均为1924年禅宗五宗之一临济宗的四十四传弟子所建。

　　灵隐寺亦名"云林禅寺"，中国禅宗十

· 韶关大鉴禅寺

刹之一，在浙江杭州市西湖西北灵隐山麓，建于东晋咸和初年。

天童寺在浙江鄞县，位于距宁波市约30公里的大白山麓，始建于西晋时期。南宋时，天童寺为禅宗五山之一，至清末成为中国禅宗四大丛林之一。日本曹洞宗尊天童寺为祖庭。

阿育王寺在浙江鄞县宝幢镇，是我国佛教"中华五山"之一，属禅宗，素有东南佛国之称。

雪窦寺在浙江奉化县溪口镇西北雪窦山，建于唐代，是中国禅宗十刹之一。雪窦寺现建筑为20世纪80年代新建。

普陀山位于浙江东北部普陀县舟山群岛中的一个小岛，是我国佛教四大名山之一。1131年，南宋朝廷将普陀山佛教各宗统一归于禅宗，1214年又规定该山以供奉观音为主。

　　雪峰崇圣禅寺简称雪峰寺，在福建闽侯县雪峰，为清末福州五大禅寺之一。寺内大殿殿左有"义存祖师塔"。禅宗的云门、法眼两宗均出义存派下。

　　杨岐寺又称普通禅寺，在江西萍乡市杨岐山，建于唐代。北宋时，禅宗高僧方会在此创立杨岐宗，为禅宗临济宗的一派。

　　洞山在江西宜丰县同安乡，是五大禅宗曹洞宗的发祥地。唐大中时，人们在此兴建

·今湖北黄梅四祖寺墙壁上的廿四孝图

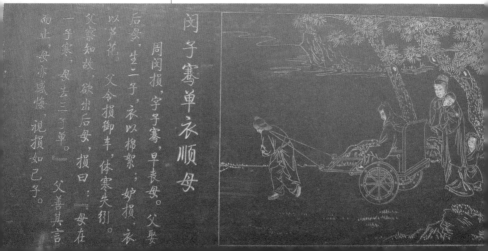

· 乳源云门寺外壁画
《图解三世因果经》

了普利寺。

宝峰寺在江西靖安县石门山，建筑年代无考，寺旁原建唐代马祖塔。马祖（709—788）乃禅宗南岳一系开创者怀让的入室弟子。

青原山寺在江西吉安市东南15公里青原山，敕建于741年，为禅宗青原一系开创者行思的道场。

五祖寺又名东山寺，在湖北黄梅县城东12公里的东山。五祖寺是禅宗第五代禅师——弘忍大师的弘法道场，又是六祖惠能大师求法得衣钵之地，被御赐为"天下祖庭"。大满禅师石塔相传是瘗五祖弘忍佛骨之所。

四祖寺在湖北黄梅县城西15公里的西山。该寺为唐初禅宗四祖道信的道场，初名幽居寺，后赐正觉禅寺，俗称四祖寺。千百年来，因历朝历代褒赠有加，四祖寺日趋宏

大。四祖寺全盛时期，拥殿宇八百间，住僧千众，地广八里，庵、塔、亭、桥遍布山林。然而近百年间，屡遭劫难，祖庭设施几遭毁尽，仅存院外的初唐毗卢塔、唐宋众生塔、五代衣钵塔、历代无名法师墓塔、元代灵润桥、明月桥、历代摩崖题咏石刻、西山古道石板路等三十余处。2001年，四祖寺塔被公布为全国重点文物保护单位。

筇竹寺在云南昆明市西北十余公里的玉案山上。该寺是中原佛教禅宗传入云南的第一寺。

曹溪寺在云南安宁县城西北五公里的螳螂川西岸，传为禅宗六祖之弟子从广东韶州曹溪宝林寺来此创建，故名。

昭觉寺在四川成都市北郊五公里，素有川西"第一丛林"之称，建于唐贞观年间

（627—649）。南宋绍兴初年，皇帝敕改昭觉为禅林。1644年，昭觉寺毁于兵火，今各殿为1663年重修。

南派禅宗早在唐代中期时就已传入东南亚。明末清初，禅宗曹洞宗第二十九世石濂大汕在越南传教，信众达二千余人，得阮氏王朝礼敬，获赠金帛甚多。大汕有诗咏："卢祖归庾岭，宗风日向南。""大鉴当年庾岭回，于今吾道又南开。"

佛教本源于印度，但在后来的发展中衰落，竟致印度僧人到中国来求佛法。在六祖的法嗣中，就有印度的僧人。

8世纪，朝鲜僧人信行入唐从普寂门人志空学禅法，后将北派禅宗传入朝鲜。

9世纪，朝鲜僧人道义师从南宗禅师智

· 肇庆梅庵

藏，并将南宗带回国，成为朝鲜禅宗主流。

12世纪，日本僧人荣西从临济宗黄龙派虚庵怀敞学法，将临济宗传入日本。临济宗曾相当盛行，对日本文化起着潜移默化的影响。

18世纪初，日本僧人道元受法于曹洞宗系如净，后将曹洞宗传入日本。日本曹洞宗尊中国浙江天童寺为祖庭。禅宗在日本演变至今，仍相当盛行。据日本文部省1991年的不完全统计，全日本共有禅宗寺院21 041所，禅宗信众近九百万人。

据说有位中国画家在巴黎留学，因颇通中国画理而被视为权威。法国一位老年印象派名画家拿了《六祖坛经》向他请教，他直言相告不曾学过。老画家惊道："你们中国有这么好的绘画理论你都不学，跑来法国想学什么呢？"这则故事反映出《六祖坛经》已在西方学者中广为流传，其禅学思想亦为学界所接受。

西方接受禅学的人，除一般民众外，还有哲学家和社会学家，他们希望用蕴含东方恬静达观精神的禅宗义理引导人们回归人性和自然。西方的一些心理学家和精神病理学家把禅理作为调节心理和治疗精神病的方法之一。

· 新兴集成镇寺田村藏佛坑。相传六祖圆寂后化身于此

留在民间
记忆中的惠能

　　南华诞庙会，成了六祖惠能留给岭南的一个民俗。岁月带走了无数的记忆，却带不走惠能所留下的点点滴滴。

六祖留给岭南一个民俗：南华诞庙会。

　　南华寺是六祖弘法地，有"南国祖庭""岭南第一禅寺"之称。南华诞庙会又称"六祖诞"庙会，始于714年，即六祖圆寂翌年，是法泉寺（今南华寺）住持令韬为弘扬六祖禅法，于每年农历二月初八（六祖诞辰）和八月初三（六祖圆寂日）举行的祭祀六祖的庙会活动，又称"春秋两会"。

　　沿至清代，南华诞庙会成为颇具特色的民间习俗。1875年《曲江县志》载："二月二日，祀土神……八日，往南华礼六祖诞，至

·曲江南华寺灵照塔

者如市。"又载："八月一日，农家开田取新芋。三日，祀灶神。又往南华礼六祖，如二月事。"既称"至者如市"，可知当年的"礼六祖诞"是很热闹的。

南华诞庙会现在是中国佛教南宗的重要节日和民间文化活动，由"祝圣拜祖""晨拜""礼佛祭祖""信众午""放生""传灯"等程式组成。参与者来自中国内地、港澳台地区，以及日本、韩国等诸多国家。南华诞庙会现已被列入广东省首批非物质文化遗产代表作名录。近年每年前来参加盛会者达数万，活动现场人山人海，热闹非凡。

在惠能的家乡新兴，每年农历二月初八

和八月初三，也会举行大型纪念活动。大批来自珠江三角洲等地区的居士信众前来参加纪念活动。为了弘扬六祖禅文化，当地还成立了六祖禅文化思想研讨会，在每年的农历七月初一举行大型水陆法会。前来国恩寺朝拜六祖大师的信众络绎不绝。

南派禅宗为惠能创立，发源于岭南，盛传于全国，流行于亚洲及欧美各国，对中国文化与世界文明的发展产生着广泛、深远而积极的影响。这是岭南的光荣与骄傲。

· 光孝寺祖堂内供奉六祖